教材项目规划小组

许　琳　　姜明宝　　王立峰
田小刚　　崔邦焱　　俞晓敏
赵国成　　宋永波　　郭　鹏

教材编写委员会

主　任：陶黎铭
副主任：陈光磊　吴叔平
成　员：陈光磊　高顺全　陶黎铭
　　　　　吴金利　吴叔平　吴中伟

顾　问：Richard King
　　　　　Helen Xiaoyan Wu
　　　　　Robert S. Chen

中国国家对外汉语教学领导小组办公室规划教材
Projet de NOCFL de la République populaire de Chine

Dāngdài Zhōngwén
当代中文
LE CHINOIS CONTEMPORAIN

dì yī cè
第 一 册

liàn xí cè
练 习 册
Cahier d'exercices
Volume I

主　编　吴中伟
编　者　吴中伟　吴叔平
　　　　高顺全　吴金利
翻　译　徐　朋　Michel Bertaux
译文审订　Hongju Yu
　　　　　Huijun Zhou

北京大学出版社
PEKING UNIVERSITY PRESS

Éditions de l'Université de Pékin

图书在版编目(CIP)数据

当代中文·第一册·练习册/吴中伟主编.—北京：北京大学出版社，2006.1
ISBN 978-7-301-08658-2

Ⅰ.当… Ⅱ.吴… Ⅲ.汉语－对外汉语教学－习题 Ⅳ.H195.4

中国版本图书馆CIP数据核字（2005）第023543号

书　　　名：当代中文·第一册·练习册
著作责任者：吴中伟　主编
责 任 编 辑：沈浦娜　欧慧英
标 准 书 号：ISBN 978-7-301-08658-2/H·1413
出 版 发 行：北京大学出版社
地　　　址：北京市海淀区成府路205号 100871
网　　　址：http://www.pup.cn
电 子 信 箱：zpup@pup.pku.edu.cn
电　　　话：邮购部 62752015　发行部 62750672　编辑部 62753334　出版部 62754962
印　　刷　者：涿州市星河印刷有限公司
经　　销　者：新华书店
　　　　　　787毫米×1092毫米 16开本 6.75印张 173千字
　　　　　　2006年1月第1版　2017年4月第6次印刷
印　　　数：5501～20500册
定　　　价：20.00元（含1张MP3）

未经许可，不得以任何方式复制或抄袭本书之部分或全部内容。
版权所有，侵权必究　举报电话：010-62752024
　　　　　　　　　　电子信箱：fd@pup.pku.edu.cn

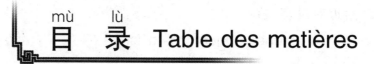 

目录 Table des matières

0. 入门 Initiation ……………………………………………… 1
   0.1 ……………………………………………………………… 3
   0.2 ……………………………………………………………… 4
   0.3 ……………………………………………………………… 8
   0.4 ……………………………………………………………… 14
   0.5 ……………………………………………………………… 20
   0.6 ……………………………………………………………… 27
   0.7 ……………………………………………………………… 32

第一课　您贵姓
Leçon un　Comment vous appelez-vous ? ……………………… 43

第二课　认识你很高兴
Leçon deux　Heureux de faire votre connaissance ……………… 49

第三课　你家有几口人
Leçon trois　Combien de personnes y a-t-il dans votre famille ? …… 56

第四课　这张地图是法文的
Leçon quatre　Cette carte est en français ……………………… 62

第五课　能不能试一试
Leçon cinq　Puis-je essayer ? …………………………………… 67

第六课　明天打算干什么
Leçon six　Qu'est-ce que vous allez faire demain ? ……………… 74

第七课　你什么时候回来
Leçon sept　Quand rentrez-vous？ ……………………………… 82

第八课　附近有没有银行
Leçon huit　Y a-t-il une banque près d'ici？ …………………… 90

rù mén
入 门

0. Initiation

0.1

Écoutez et répétez :

ā á ǎ à   ō ó ǒ ò   ē é ě è

ā ǎ   ē ě   ō ǒ

á à   é è   ó ò

ā à   ē è   ō ò

bā	bá	bǎ	bà	pā	pá	pǎ	pà
bān	bán	bǎn	bàn	pāo	páo	pǎo	pào
bāi	bái	bǎi	bài	pāng	páng	pǎng	pàng
dē	dé	dě	dè	tē	té	tě	tè
fēi	féi	fěi	fèi	mēn	mén	měn	mèn
jiāo	jiáo	jiǎo	jiào	qiān	qián	qiǎn	qiàn
huō	huó	huǒ	huò	suān	suán	suǎn	suàn
zhōng	zhóng	zhǒng	zhòng	chōng	chóng	chǒng	chòng
lǖ	lǘ	lǚ	lǜ				

0.2

I. Distinction des sons：

1. Marquez ce que vous entendez：

　　(1)　A. pō　　　B. bō　　　[　]

　　(2)　A. dē　　　B. tē　　　[　]

　　(3)　A. ó　　　B. é　　　[　]

　　(4)　A. bō　　　B. dé　　　[　]

　　(5)　A. yí　　　B. yú　　　[　]

　　(6)　A. lì　　　B. lǜ　　　[　]

　　(7)　A. yǔ　　　B. wǔ　　　[　]

　　(8)　A. mō　　　B. mó　　　[　]

　　(9)　A. nà　　　B. ná　　　[　]

　　(10)　A. bǐ　　　B. bí　　　[　]

　　(11)　A. tā　　　B. tà　　　[　]

　　(12)　A. pì　　　B. pí　　　[　]

2. Complétez avec les initiales que vous entendez：

　　(1) ＿à　　(2) ＿à　　(3) ＿ō　　(4) ＿ō

　　(5) ＿ǎ　　(6) ＿ā　　(7) ＿ǔ　　(8) ＿ú

　　(9) ＿á　　(10) ＿ā　　(11) ＿ì　　(12) ＿ǐ

(13) __ē   (14) __ē   (15) __ó

3. Complétez avec les finales que vous entendez:
(1) m____   (2) m____   (3) n____   (4) n____
(5) l____   (6) l____   (7) f____   (8) f____
(9) t____   (10) t____

4. Marquez les tons que vous entendez:
(1) ta   (2) ta   (3) ta   (4) ta
(5) da   (6) da   (7) da   (8) da
(9) yi   (10) yi   (11) bi   (12) bi
(13) wu   (14) wu   (15) di   (16) di
(17) yu   (18) yu   (19) ma   (20) ma
(21) na   (22) na

5. Écoutez et écrivez les syllabes que vous entendez:
(1) _____   (2) _____   (3) _____
(4) _____   (5) _____   (6) _____
(7) _____   (8) _____   (9) _____

II. Écoutez et répétez:

ā   á   ǎ   à
ō   ó   ǒ   ò
ē   é   ě   è
yī   yí   yǐ   yì
wū   wú   wǔ   wù

LE CHINOIS CONTEMPORAIN

yū	yú	yǔ	yù
bō	bó	pǒ	pó
bǔ	bù	pǔ	pù
mō	mò	fō	fó
dā	dà	tē	té
dī	dì	tī	tí
nǔ	nǚ	lù	lǜ

III. Écoutez et répétez après :

é	oie	è	avoir faim
wǔ	cinq	wù	brouillard
pá	grimper	pà	avoir peur
bà	père	bā	arracher
dǎ	frapper, taper	dà	grand
tā	il, elle, lui elle	tǎ	pagode
mā	mère	mǎ	cheval
ná	prendre, tenir	nǎ	quel, lequel
nà	ce, celui-là		
bǐ	comparer ; que (indiquant la différence)	pí	peau
mǐ	riz	nǐ	tu, vous, toi
nǚ	femme, féminin	lǜ	vert
lù	route, chemin	bù	non, pas

IV. Écoutez et répétez :

yúfū pêcheur   fùyù riche

dìyī	premier	dìyù	enfer	tǐyù	sport
dà yǔ	grosse pluie	dàyú	grand poisson		
dàyī	manteau	dàyì	négligent, distrait		
yílǜ	égal	yìlì	persévérance	lìyì	intérêt
dìtú	carte, plan	túdì	apprenti	tǔdì	terre, sol
fǎlǜ	loi	fǎlì	force magique		
lǐ fà	se faire couper les cheveux			lì fǎ	législation
pífū	peau	bǐyù	comparaison, métaphore		

0.3

I. Distinction des sons :

1. Marquez ce que vous entendez :

    (1) A. gǔ   B. kǔ   [   ]
    (2) A. gān   B. gēn   [   ]
    (3) A. kǎo   B. kǒu   [   ]
    (4) A. dǎi   B. děi   [   ]
    (5) A. tán   B. táng   [   ]
    (6) A. lóng   B. léng   [   ]
    (7) A. kǎo   B. kào   [   ]
    (8) A. gān   B. gàn   [   ]
    (9) A. hǎo   B. hào   [   ]
    (10) A. máng   B. mǎng   [   ]
    (11) A. tāi   B. tài   [   ]
    (12) A. dǒng   B. dòng   [   ]

2. Complétez avec les initiales que vous entendez :

    (1) __āi   (2) __āi   (3) __ǎo   (4) __ǎo
    (5) __ěn   (6) __ēn   (7) __áng   (8) __áng

3. Complétez avec les finales que vous entendez :

   (1) b____   (2) b____   (3) p____   (4) p____
   (5) m____   (6) m____   (7) t____   (8) t____
   (9) t____   (10) k____ (11) k____ (12) k____
   (13) k____ (14) k____ (15) h____ (16) h____
   (17) h____ (18) h____

4. Marquez le ton que vous entendez :

   (1) gao   (2) gao   (3) gao
   (4) gao   (5) kafei   (6) bangmang
   (7) gaokao   (8) kanwu   (9) laodong
   (10) tengtong (11) nenggou (12) fennu
   (13) daode   (14) paodan   (15) dafeng
   (16) tanlan   (17) botao   (18) hanleng

5. Écoutez et écrivez les syllabes que vous entendez :

   (1) ____   (2) ____   (3) ____
   (4) ____   (5) ____   (6) ____
   (7) ____   (8) ____   (9) ____

6. Écoutez et marquez les syllabes que vous entendez au ton neutre :

   (1) gege   (2) keyi   (3) boli   (4) dangan
   (5) yikao   (6) yifu   (7) houlong

LE CHINOIS CONTEMPORAIN

II. Écoutez et répétez :

āi	ēi	āo	ōu
ān	ēn	āng	ēng
bái	bèi	bàn	bāng

páo	pǒu	pén	pēng
mài	méi	fēi	fǒu
dàn	dāng	tóu	tòng
nǎi	néng	lǎo	lóng
gǔ	kǔ	hǔ	

III. Écoutez et répétez après :

bàba	papa	māma	maman
nǎinai	grand-mère	gēge	frère aîné
mèimei	sœur cadette	tāmen	ils, eux, leur
nǐ de	ta, ton, votre ; le tien, le vôtre		
dòufu	tofu, fromage de soja		
nǎodai	tête		

IV. Écoutez et répétez :

ài	aimer, amour	ǎi	petit, de petite taille, bas
gàn	faire	gān	sec	gǎn	oser
gǒu	chien	gòu	suffisant	gōu	fossé
hěn	très			hèn	haïr
tāng	soupe			táng	sucre
tǎng	se coucher, être allongé			tàng	brûler ; brûlant

fēi	voler	fēn	centime ; minute
		fēng	vent
gǎi	changer	gěi	donner
kāi	ouvrir	hái	encore, de nouveau
néng	pouvoir	lěng	froid
lóng	dragon	láng	loup
bái	blanc	bān	classe
lái	venir	lán	bleu
nán	homme	mǎn	plein
màn	lent	máng	occupé
hóng	rouge		
gāo	grand, de grande taille		
hēi	noir		

V. Écoutez et répétez :

kān mén	garder la porte	kāi mén	ouvrir la porte
hēibǎn	tableau noir	hěn bái	très blanc
lǎohǔ	tigre	láodòng	travailler ; travail
gǔdài	antiquité	kǔhǎi	océan de douleurs
dédào	obtenir, avoir	dàodé	moralité, vertu
táopǎo	s'enfuir	bàodào	informer
měilì	beau, joli	Běiměi	Amérique du Nord
bāngmáng	aider	bèndàn	idiot
tóuténg	mal à la tête	ménkǒu	entrée, porte
Hànyǔ	langue chinoise		

VI. Écoutez et répétez après：

(1) Nǐ hǎo!
   toi bien
   Bonjour!

(2) Nǐ děi kāi kǒu.
   Tu dois ouvrir la bouche
   Tu dois parler.

(3) Dùzi bǎo le.
   ventre plein
   Je n'ai plus faim.

(4) Tùzi pǎo le.
   lapin courir
   Le lapin s'est enfui.

(5) Nǐ néng fēi ma?
   Tu peux voler *particule interrogative*
   Peux-tu voler ?

(6) Tā ài tā de gǒu.
   lui aimer son chien
   Il aime son chien.

(7) Tā bǐ nǐ gāo, nǐ bǐ tā ǎi.
   lui comparer toi grand, toi comparer lui petit
   Il est plus grand que toi, Tu es plus petit que lui.

(8) Nǐ hěn máng, tā bù máng.
   toi très occupé, lui pas occupé
   Tu es très occupé, mais lui ne l'est pas.

(9) Gěi   nǐ gāngbǐ, gěi   tā   máobǐ.
    donner toi stylo,   donner lui   pinceau
    Je te donne un stylo et je lui donne un pinceau.

(10) Tā mǎi le yì bǎ dà   dāo   hé yì tiáo hóng pídài.
     lui acheter un grand couteau et une   rouge cuir ceinture
     Il a acheté un grand couteau et une ceinture rouge en cuir.

0.4

I. Distinction des sons :

1. Marquez ce que vous entendez :

(1) A. jiā   B. qiā   [   ]

(2) A. jiǒng   B. qióng   [   ]

(3) A. gāo   B. jiào   [   ]

(4) A. kàn   B. quán   [   ]

(5) A. hǎo   B. xiǎo   [   ]

(6) A. qiú   B. qú   [   ]

(7) A. jiǔ   B. jǔ   [   ]

(8) A. xiān   B. xuān   [   ]

(9) A. qīn   B. qūn   [   ]

(10) A. jiě   B. jué   [   ]

(11) A. jiā   B. jiǎ   [   ]

(12) A. xué   B. xuě   [   ]

(13) A. jiàng B. jiǎng   [   ]

(14) A. xiào   B. xiǎo   [   ]

2. Complétez avec les initiales que vous entendez :

(1) ___iē   (2) ___iě   (3) ___ián   (4) ___iàn

(5) ___íng   (6) ___ǐng   (7) ___īng   (8) ___iā___íng

(9) ___ué___iào   (10) ___iān___iáng

3. Complétez avec les finales que vous entendez :

(1) b___   (2) p___   (3) d___   (4) n___
(5) l___   (6) x___   (7) x___   (8) q___
(9) j___   (10) l___j___ (11) b___j___
(12) x___d___ (13) j___j___ (14) j___l___
(15) q___x___ (16) q___l___

4. Marquez le ton que vous entendez :

(1) jiqi   (2) jiujing   (3) jianbing
(4) pinqiong   (5) mingliang   (6) lingdang
(7) qianmian   (8) mianbao   (9) qifen
(10) xiawu

5. Écoutez et écrivez les syllabes que vous entendez :

(1) _____   (2) _____   (3) _____
(4) _____   (5) _____   (6) _____
(7) _____   (8) _____   (9) _____
(10) _____   (11) _____   (12) _____
(13) _____   (14) _____   (15) _____
(16) _____   (17) _____   (18) _____

II. Écoutez et répétez après：

jiē	diē	qiē	tiē		
xī	xiē	xiān	xiāng		
yú	yuè	yuán			
jù	jiǔ	qù	qiú	xǔ	xiū
lán	liàn	láng	liàng		
máo	miáo	pào	piào		
xìn	xíng	xiàng	xióng		

III. Écoutez et répétez après：

yāo	rein	yáo	agiter	yào	désirer
yóu	huile	yǒu	avoir	yòu	de nouveau
jiā	maison	jiǎ	faux	jià	vacances
xīng	étoile	xǐng	se réveiller	xíng	ça marche
xiǎng	penser	xiàng	direction	xiāng	parfumé
yě	aussi			yè	nuit
yān	fumée, tabac			yán	sel
qiāo	frapper			qiáo	pont
xiǎo	petit			xiào	rire
xiān	d'abord			xián	salé
tīng	écouter			tíng	arrêter
nián	an, année			niàn	lire à haute voix
nǎo	cerveau			niǎo	oiseau
nán	homme, mâle, masculin			nián	an, année
niú	bœuf			nǚ	femme, féminin
qiē	couper, découper			quē	manquer de

xiě	écrire	xué	apprendre
qiú	balle	jiǔ	alcool, vin
xióng	ourse	qióng	pauvre, misérable
yòng	utiliser, se servir de	yún	nuage

IV. Écoutez et répétez les syllabes suivantes en faisant attention au troisième ton :

kǒuyǔ	langue parlée	yǒnggǎn	brave, courageux
měinǚ	une beauté	xiǎo niǎo	petit oiseau
lǎojiā	pays natal	kǎoyā	canard laqué
diǎnxin	collation	jiǎngjīn	prime
jiějué	résoudre	yǔyán	langage, langue
bǎohù	protéger	fǎlǜ	loi
kě'ài	charmant, aimable	kěndìng	affirmer, sûr ; certain

V. Écoutez et répétez après :

yóuyǒng	nager, natation	yǒuyòng	utile
jīqì	machine, appareil	qíjì	miracle
xūyào	besoin	xīyào	médicaments occidentaux
juédìng	décider, décision	quèdìng	fixer, déterminer
quēdiǎn	défaut, insuffisance	quántiān	toute la journée
xuéxí	étudier, apprendre	xiūxi	repos, se reposer
qīnwěn	embrasser	qǐngwèn	pardon, excusez-moi
jiéyuē	économiser, épargner		
yuánliàng	pardonner		
xuǎnjǔ	élire, élection	xiàtiān	été

jīntiān	aujourd'hui	míngtiān	demain
qiūtiān	automne	dōngtiān	hiver
qùnián	l'année dernière	jīnnián	cette année
míngnián	l'année prochaine	xīnxiān	frais
Fǎguó	France	Měiguó	U.S.A.
Jiānádà	Canada	Bǐlìshí	Belgique
Yīngguó	U.K.	Àodàlìyà	Australie

xúnxù jiànjìn   progresser par étapes

lóng téng hǔ yuè   dragons bondissant et tigres sautant

VI. Écoutez et répétez après :

(1) Nín hǎo!

toi bien

Bonjour!

(2) Xièxie! Bú kèqi.

Merci   De rien

Merci.   De rien.

(3) Pīnyīn bù nán xué.

Pinyin pas difficile apprendre

Le *pinyin* n'est pas difficile à apprendre.

(4) Qǐng nǐ bié xiāngxìn tā.

Prier toi pas croire   lui

Ne le crois pas, s'il te plaît.

(5) Tāmen bān li yǒu wǔ tái diànnǎo.

Leur   classe dedans avoir cinq   ordinateur

Il y a cinq ordinateurs dans leur classe.

(6) Fángjiān li   bù kěyǐ   xī yān.
   chambre dedans pas permettre fumer
   Il n'est pas permis de fumer dans la chambre.

(7) Nǐmen yào   nǔlì   xuéxí.
   Vous   devoir s'efforcer étudier
   Vous devez étudier durement.

(8) Xīngqītiān dàjiā   yìqǐ   qù kàn diànyǐng.
   Dimanche tout le monde ensemble aller voir film
   Nous allons voir ensemble un film dimanche.

(9) Jīntiān   xiàwǔ   qù gōngyuán, nǐ qù bu qù?
   Aujourd'hui après-midi aller parc   toi aller pas aller
   Nous allons au parc cet après-midi, est-ce que tu viens?

(10) Xuǎnmín dōu hěn niánqīng.
    électeur   tout très jeune
    Les élecrteurs sont tous très jeunes.

(11) Tā nǚpéngyou hěn piàoliang.
    Lui amie   très jolie
    Sa petite amie est très jolie.

0.5

I. Distinction des sons :

1. Marquez ce que vous entendez :

(1) A. zì B. cí [ ]

(2) A. cū B. zú [ ]

(3) A. zì B. jǐ [ ]

(4) A. cí B. qì [ ]

(5) A. zūn B. jūn [ ]

(6) A. cuān B. quán [ ]

(7) A. cán B. tán [ ]

(8) A. sǎo B. xiǎo [ ]

(9) A. cǎo B. qiáo [ ]

(10) A. zǒu B. zuò [ ]

(11) A. gān B. guǎn [ ]

(12) A. kěn B. kǔn [ ]

(13) A. kēi B. kuī [ ]

(14) A. cuò B. cuō [ ]

(15) A. wén B. wèn [ ]

(16) A. zuǐ B. zuì [ ]

(17) A. cí B. cì [ ]

2. Complétez avec les initiales que vous entendez：

(1) ___ā (2) ___iā (3) ___ān
(4) ___ián (5) ___ǎo (6) ___iǎo
(7) ___ì___í (8) ___ì___ī (9) ___í___ì
(10) ___ī___ì (11) ___íng___í (12) ___íng___ì

3. Complétez avec les finales que vous entendez：

(1) k___ (2) k___ (3) k___ (4) k___ (5) k___
(6) h___ (7) h___ (8) h___ (9) h___ (10) g___
(11) g___ (12) d___ (13) d___ (14) t___ (15) t___
(16) g___z___ (17) c___c___ (18) z___s___
(19) c___g___ (20) t___k___ (21) h___l___

4. Marquez le ton que vous entendez：

(1) kuajiang (2) kuanguang (3) tuola
(4) zuoye (5) jisuan (6) kuaisu
(7) nuanhuo (8) cuican (9) weida
(10) guojia (11) huida (12) wandan

5. Écoutez et écrivez les syllabes que vous entendez：

(1) _____ (2) _____ (3) _____
(4) _____ (5) _____ (6) _____
(7) _____ (8) _____ (9) _____

LE CHINOIS CONTEMPORAIN

II. Écoutez et répétez après :

wā	wō	wài	wèi	wǎn	wěn
dū	dōu	duō	tú	tóu	tuó
gù	guà	guài	guān	guāng	
hù	huà	huài	huán	huáng	
zī	zū	cì	cù	sì	sù
zài	cài	sài			
zǎn	zāng	zěn			
cān	cáng	cēn			
zī	jī	cī	qī	sī	xī
zǎn	jiǎn				

III. Écoutez et répétez les syllabes que vous entendez en faisant attention à la différence entre u et ü :

dùn jūn tún qún zǔ jù cù qú
xuǎn suàn kuān quán zuān juān

IV. Écoutez et répétez après :

cāi deviner   cái seulement   cài plat
tuǐ jambe   tuī pousser   tuì retirer
suān acide   suàn calculer
zuǐ bouche   zuì le plus
sān trois   sǎn parapluie
guā cucurbitacées (melon, pastèque..)   guà accrocher
dōu tout   duō beaucoup de, nombreux

guài	étrange	kuài	rapide
zuò	faire	zǒu	marcher, aller
guó	pays, état	gǒu	chien

V. Écoutez et répétez les syllabes que vous entendez en faisant attention au troisième ton:

gǔdiǎn	classique	yǔfǎ	grammaire
wǔdǎo	danse	yǒuhǎo	amical
liǎojiě	connaître, comprendre	yǒnggǎn	brave, courageux

yǔyī	imperméable	Běijīng	capitale de la Chine
yǐjīng	déjà		

Měiguó	U.S.A.	Fǎguó	France
hěn nán	très difficile		

bǐsài	compétition	měilì	beau
jiǎnyàn	examiner, vérifier	cǎodì	pelouse, prairie

VI. Écoutez et répétez après:

jīdàn	œuf de poule	zǐdàn	balle de fusil		
jìsuàn	calculer	zìxuǎn	choisir soi-même		
bízi	nez	bǐjì	note		
zìjǐ	soi-même	cíqì	porcelaine	sījī	chauffeur
cānguān	visiter	tānguān	fonctionnaire corrompu		
qǐzǎo	se lever tôt	tǐcāo	gymnastique		

cōngmíng   intelligent   sēnlín   forêt

VII. Écoutez et répétez après :

(1) Huānyíng!
   Bienvenue!

(2) Duìbuqǐ.   Méi guānxi.
   Pardon!   Ce n'est pas grave.

(3) Zàijiàn.
   Au revoir.

(4) Tā yǐjīng sǐ le.
   Lui déjà mort
   Il est mort.

(5) Tā bù xiǎng huó le.
   Lui pas desirer vivre
   Il n'a plus envie de rester en vie.

(6) Hànzì   zěnme xiě?
   Caractère chinois comment écrire
   Comment ça s'écrit en caractère chinois?

(7) Wǒ xǐhuan tǐcāo.
   Moi aimer gymnastique
   J'aime la gymnastique.

(8) Nǐ kàn, cāntīng zài nàli.
   Toi regarder, salle à manger là-bas
   Regarde, la salle à manger est là-bas.

(9) Yǐzi tài zāng, bù néng zuò.
Chaise très sale, pas pouvoir s'asseoir
La chaise est trop sale pour s'asseoir dessus.

(10) Tā de sūnzi hěn cōngmíng.
Son petit-fils très intelligent
Son petit-fils est très intelligent.

(11) Kōngtiáo huài le, nǐ huì xiū ma?
Air conditionné endommagé, toi savoir réparer est-ce que
L'air conditionné ne marche plus, Est-ce que tu sais le réparer?

(12) Dàjiā yǐ zuì kuài de sùdù zuò bǐjì.
Tout le monde avec le plus rapide vitesse faire note
Tout le monde fait sa note le plus rapidement possible.

(13) Zài bǐsài yícì dehuà, jiéguǒ huì zěnmeyàng?
Encore match une fois si, résultat pouvoir comment?
Nǐ cāicai.
Toi deviner.
Quel serait le résultat si nous faisions encore une fois le match? Devine.

VIII. Écoutez la cassette et répétez les expressions suivantes :

Wángpó mài guā, zì mài zì kuā.
La vieille dame Wang vante les melons qu'elle vend.

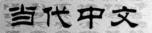 **LE CHINOIS CONTEMPORAIN**

Máquè suī xiǎo, wǔ zàng jù quán.
Le moineau est petit mais il a ses cinq organes.

Yǒu péng zì yuǎn fāng lái, bú yì lè hū?
Que nous sommes heureux d'avoir des amis qui viennent de loin?

0.6

I. Distinction des sons:

1. Marquez ce que vous entendez:

   (1) A. zhǐ   B. chí   [   ]
   (2) A. zhì   B. zì   [   ]
   (3) A. chí   B. cí   [   ]
   (4) A. zhī   B. jī   [   ]
   (5) A. chì   B. qì   [   ]
   (6) A. shí   B. xí   [   ]
   (7) A. rì   B. rè   [   ]
   (8) A. chuān B. quān   [   ]
   (9) A. shào   B. xiào   [   ]
   (10) A. shā   B. shān   C. shāng   [   ]
   (11) A. chán B. chuán C. chuáng   [   ]
   (12) A. chī   B. chē   C. chū   [   ]
   (13) A. piāo B. piǎo   C. piào   [   ]
   (14) A. zhāng B. zhǎng C. zhàng   [   ]
   (15) A. chōng B. chóng C. chòng   [   ]
   (16) A. chū   B. chú   C. chù   [   ]
   (17) A. cí   B. cǐ   C. cì   [   ]

LE CHINOIS CONTEMPORAIN

2. Complétez avec les initiales que vous entendez :

(1) __ī (2) __ī (3) __ì (4) __ì

(5) __í (6) __í (7) __í (8) __ǐ

(9) __ì (10) __ǐ__ǒu (11) __ūn__uāng

(12) __án__āo (13) __āng__èng

3. Marquez le ton que vous entendez :

(1) shici (2) turan (3) caice (4) zaoyu
(5) congrong (6) renming (7) ruguo (8) shuxi
(9) re'ai (10) suanshu (11) chize (12) shishi
(13) zhunbei (14) shuiwen (15) chuli (16) shencha

4. Écoutez et écrivez les syllabes que vous entendez :

(1) _____ (2) _____ (3) _____
(4) _____ (5) _____ (6) _____
(7) _____ (8) _____ (9) _____
(10) _____

II. Écoutez et répétez après :

zhī	chī	shī
jī	qī	xī
zī	cī	sī
zhā	zā	jiā
chā	cā	qiā
chuán	cuàn	quān
shāo	sǎo	xiào
rè	rì	lì

III. Écoutez et répétez les syllabes suivantes en faisant attention au suffixe：

huār	fleur	niǎor	oiseau
wánr	jouer	zhèr	ici
nàr	la-bas	nǎr	où

IV. Écoutez et répétez après：

shū	livre	shǔ	compter	shù	chiffre
zhù	habiter, (se) loger			zhū	cochon
chuān	s'habiller			chuán	bateau
chuáng	lit			chuāng	fenêtre
shuǐ	eau			shuí	qui
chūn	printemps			chǔn	stupide, idiot
shuō	dire, parler			shōu	recevoir
shān	montagne, mont			sān	trois
zhǎo	chercher			zǎo	tôt
èr	deux				

V. Écoutez et répétez après：

zhīdao	savoir	chídào	être en retard	qǐdǎo	prier
rúguǒ	si, au cas où			lùguò	passer
shǎoshù	minorité			xiǎoshù	petit arbre
qìchē	voiture			qíchē	en vélo
shísì	quatorze			sìshí	quarante
róuruǎn	souple, mou			tūrán	soudain, tout à coup

shāmò	désert	shénme	quoi, que, quel
shàngwǔ	matinée	xiàwǔ	après-midi
shuǐjiǎo	ravioli	shuìjiào	dormir
róngyì	facile	rènyì	capricieux
érzi	fils	ěrduo	oreille
cèsuǒ	toilette	chùsuǒ	emplacement
Zhōngguó	Chine		

shí shì qiú shì	rechercher la vérité dans les faits, être réaliste
rén shān rén hǎi	une mer humaine, un monde fou
qī zuǐ bā shé	tout le monde parle en même temps, sept bouches parlent huit langues
shān qīng shuǐ xiù	montagnes bleues et rivière claire, beau paysage
chī dàguōfàn	manger à la gamelle
kāi yèchē	bûcher toute la nuit
yǎo ěrduo	murmurer à l'oreilles, chuchoter
pāi mǎpì	flatter, lécher les bottes de quelqu'un

VI. Écoutez et répétez après :

(1) zhè shì shénme ?

    Ce être quoi

    Qu'est-ce que c'est ?

(2) Nǐ jiào shénme míngzi ?

    Toi s'appeler quel nom

    Comment t'appelles-tu ?

(3) Xǐshǒujiān zài nǎr?
   Toilettes   se touver où
   Où se trouvent les toilettes?

(4) Wǒmen qí zìxíngchē qù.
   Nous   monter vélo   aller
   Nous y allons en vélo.

(5) Tāmen yìqǐ chī le qī zhī jī.
   Eux   ensemble manger sept   poulets
   Ils ont mangé ensemble sept poulets.

(6) Nǐ yào chī jīròu háishi zhūròu?
   Toi vouloir manger poulet ou   porc
   Veux-tu du poulet ou du porc?

VII. Écoutez et prononcez les proverbes suivants:

Bǎi wén bùrú yí jiàn.

Il vaut mieux voir une fois de ses propres yeux que d'entendre parler cent fois.

Shībài shì chénggōng zhī mǔ.

L'échec est la mère du succès.

Cùn yǒu suǒ cháng, chǐ yǒu suǒ duǎn.

Un pied peut être trop court tandis qu'un pouce peut être assez long. (Chacun a ses points faibles et forts.)

0.7

I. Distinction des sons :

1. Marquez ce que vous entendez :

(1) A. zhǎo B. zǎo C. jiào D. qiáo [   ]
(2) A. gān B. kàn C. jiàn D. quán [   ]
(3) A. fú B. hǔ C. xū D. sù [   ]
(4) A. pǎo B. pèi C. pái D. pǒu [   ]
(5) A. māo B. miáo C. miù D. miàn [   ]
(6) A. zhōu B. zhuō C. zhū D. zhāo [   ]
(7) A. yú B. wǔ C. yún D. wěn [   ]
(8) A. xuǎn B. xiān C. xún D. xìn [   ]
(9) A. láng B. lěng C. lóng D. lǐng [   ]
(10) A. diē B. diū C. diàn D. diào [   ]
(11) A. juān B. juán C. juàn D. juǎn [   ]
(12) A. hóng B. hǒng C. hòng D. hōng [   ]
(13) A. chuǎng B. chuāng C. chuàng D. chuáng [   ]
(14) A. nào B. nǎo C. náo D. nāo [   ]
(15) A. huān B. huán C. huàn D. huǎn [   ]

2. Complétez avec les initiales que vous entendez :

(1) ___ǎ (2) ___á (3) ___é (4) ___è
(5) ___ēn (6) ___èn (7) ___àn (8) ___án
(9) ___án (10) ___án (11) ___āo (12) ___ào
(13) ___iǔ (14) ___ǔ (15) ___ū (16) ___iú
(17) ___ū (18) ___ū (19) ___iù (20) ___ǔ

3. Complétez avec les finales que vous entendez :

(1) p___ (2) p___ (3) p___ (4) p___
(5) p___ (6) g___ (7) g___ (8) g___
(9) g___ (10) t___ (11) t___ (12) t___
(13) j___ (14) j___ (15) j___ (16) j___
(17) j___ (18) j___ (19) j___ (20) j___
(21) j___ (22) j___ (23) j___ (24) j___
(25) j___ (26) h___ (27) h___ (28) h___
(29) h___ (30) h___ (31) h___ (32) h___

4. Marquez le ton que vous entendez :

(1) chuntian   (2) anquan   (3) gaokao
(4) chengzan   (5) shuxi   (6) shixi
(7) tuanti   (8) huangdi   (9) chansheng
(10) zongcai   (11) yongyuan (12) kending
(13) riguang   (14) wenti   (15) duiwu
(16) jisuan   (17) piaoliang (18) zhuozi

LE CHINOIS CONTEMPORAIN

5. Écrivez les syllabes que vous entendez :

(1) _____   (2) _____   (3) _____
(4) _____   (5) _____   (6) _____
(7) _____   (8) _____   (9) _____
(10) _____   (11) _____   (12) _____
(13) _____   (14) _____   (15) _____

6. Écrivez les phrases que vous entendez :

(1) _____
(2) _____
(3) _____
(4) _____
(5) _____
(6) _____

II. Écoutez et répétez après :

fàndiàn	hôtel, restaurant	fángjiān	chambre, pièce
Hànyǔ	langue chinoise	gōngzuò	travail, job, travailler
yuēhuì	rendez-vous	duōshao	combien
jiàoshì	salle de classe	quánbù	tout, complet, total
nǎr	où	wǒmen	nous
shǒubiǎo	montre	hǎiguān	douane
zìxíngchē	vélo	Àolínpǐkè	Olympique

III. Écoutez et répétez après :

fànguǎn

bīnguǎn

jīchǎng

chūzū qìchē

cèsuǒ

gōng'ānjú

IV. Écoutez et répétez après :

(1) Hǎo!　Bien

(2) Bù hǎo!　Pas bien !

(3) Hěn hǎo!　Très bien !

(4) Wǒ　xuéxí　　Hànyǔ.

　　Moi apprendre chinois

　　J'apprends le chinois.

(5) Qǐng bāngzhù wǒ yíxia.

　　S'il te plaît, aider moi un peu

　　Donne-moi un coup de main, s'il te plaît.

(6) Wǒ tīng　bu dǒng.

　　Moi écouter pas comprendre

　　Je ne comprends pas.

(7) Qǐng　　zài　　shuō yí biàn.

　　S'il te plaît, encore parler une fois

　　Répète, s'il te plaît.

V. Écoutez et répétez après :

(1) Nǐ hǎo!　Salut ! / Comment allez-vous ? / Ça va ?

　　Nǐ hǎo!

(2) Nǐ zǎo!　　Bonjour !

　　Nǐ zǎo!　　Bonjour !

(3) Zàijiàn!　　Au revoir !

　　Zàijiàn!　　Au revoir !

(4) Xièxie!　　Merci !

　　Bú kèqi!　De rien ! / Je t'en prie.

(5) Duìbuqǐ!   Pardon! / Excusez-moi!
　　Méi guānxi.   Ce n'est rien! / Je vous en prie.
(6) Jiàndào nǐ wǒ hěn gāoxìng!   Enchanté.
　　Wǒ yě hěn gāoxìng!   Enchanté!

VI. Récitez les deux poèmes suivants :

春　晓

Chūn　Xiǎo

Le matin du printemps

［唐］　孟　浩然

［Táng］　Mèng Hàorán

春　眠　不　觉　晓，

Chūn mián bù jué xiǎo,

Si profond est le sommeil printanier qu'on ne voit pas l'aube se lever,

处　处　闻　啼　鸟。

Chù chù wén tí niǎo.

Partout les oiseaux chantent.

夜　来　风　雨　声，

Yè lái fēng yǔ shēng,

Dans le vent et la pluie de cette nuit,

花　落　知　多　少。

Huā luò zhī duō shǎo.

Combien de fleurs sont tombées.

下 江陵
Xià Jiānglíng

À Jiangling

［唐］ 李 白

［Táng］ Lǐ Bái

朝 辞 白帝 彩 云 间，

Zhāo cí Báidì cǎi yún jiān,

Ce matin j'ai quitté Baidi dans ses nuées multicolores,

千 里 江 陵 一 日 还。

Qiān lǐ Jiānglíng yí rì huán.

En une journée je suis arrivé à la lointaine Jiangling.

两 岸 猿 声 啼 不 住，

Liǎng àn yuán shēng tí bú zhù,

Dans les cris incessants des singes sur les deux rives,

轻 舟 已 过 万 重 山。

Qīng zhōu yǐ guò wàn chóng shān.

Le frêle esquif a traversé mille montagnes.

VII. Faites les exercices de prononciation suivants（ràokǒulìng）

(A)

妈妈 骑马，马 慢， 妈妈 骂 马。

Māma qímǎ, mǎ màn, māma mà mǎ.

Maman monte à cheval, le cheval est lent, maman maudit le cheval.

(B)

四 是 四，十 是 十；

Sì shì sì, shí shì shí;

Quatre est quatre, dix est dix;

十四 是 十四，四十 是 四十。

Shísì shì shísì, sìshí shì sìshí.

Quatorze est quatorze, quarante est quarante.

(C)

老 石 和 老 史，

Lǎo Shí hé Lǎo Shǐ,

Vieux Shi et Vieux Shi,

天 天 去 公司，

Tiān tiān qù gōngsī,

Vont à l'entreprise tous les jours,

一 直 是 同 事。

Yìzhí shì tóngshì.

Ils sont toujours collègues.

老 石 老 是 骗 老 史，

Lǎo Shí lǎoshi piàn Lǎo Shǐ,

Vieux Shi joue tout le temps des tours à Vieux Shi.

老 史 说，

Lǎo Shǐ shuō,

Vieux Shi dit,

老 石 实 在 不 老 实。

Lǎo Shí shízài bù lǎoshi.

Le Vieux Shi est vraiment malhonnête.

(D)

一 个 大 嫂 子，

Yí gè dà sǎozi,

Une dame,

一 个 大 小 子，

Yí gè dà xiǎozi,

Un jeune homme.

大 嫂 子 和 大 小 子

Dà sǎozi hé dà xiǎozi

La dame et le jeune homme

比 赛 包 饺 子。

Bǐsài bāo jiǎozi.

Font une course de préparation de raviolis.

大 嫂 子 包 的 饺 子

Dà sǎozi bāo de jiǎozi

Les raviolis de la Dame

又　大　又　多　又　好吃，
Yòu dà yòu duō yòu hǎochī,
Sont grands, nombreux et délicieux,
大　小子 包　的 饺子
Dà xiǎozi bāo de jiǎozi
Ceux du jeune homme
又　小　又　少　又　难吃。
Yòu xiǎo yòu shǎo yòu nánchī.
Sont petits, peu nombreux et pas bons.

(E)

一只　青蛙 一 张　嘴，
Yì zhī qīngwā yì zhāng zuǐ,
Une grenouille, une bouche,
两　只　眼睛　四 条　腿，
Liǎng zhī yǎnjing sì tiáo tuǐ,
Deux yeux et quatre pattes,

扑通　一 声　跳 下　水。
Pūtōng yì shēng tiào xià shuǐ.
Plouf, elle saute dans l'eau.
两　只　青蛙　两　张　嘴，
Liǎng zhī qīngwā liǎng zhāng zuǐ,
Deux grenouilles deux bouches,
四 只　眼睛　八 条　腿，
Sì zhī yǎnjing bā tiáo tuǐ,
Quatre yeux et huit pattes,

扑通　扑通　两　声　跳　下　水。

Pūtōng pūtōng liǎng shēng tiào xià shuǐ.

Plouf, plouf, elles sautent dans l'eau.

三　只　青蛙　三　张　嘴，

Sān zhī qīngwā sān zhāng zuǐ,

Trois grenouilles trois bouches,

六　只　眼睛　十　二　条　腿，

Liù zhī yǎnjing shí'èr tiáo tuǐ,

Six yeux et douze pattes,

扑通　扑通　扑通　　三　声　跳　下　水。

Pūtōng pūtōng pūtōng sān shēng tiào xià shuǐ.

Plouf, plouf, plouf, elles sautent dans l'eau.

VIII. Écoutez la cassette et récitez les dialogues suivants :

Zuótiān xīngqījǐ ?　　　Quel jour étions-nous hier ?

Jīntiān xīngqījǐ ?　　　Quel jour sommes-nous ?

Míngtiān xīngqījǐ ?　　Quel jour serons-nous demain ?

Xīngqīyī / Xīngqī'èr / Xīngqīsān / Xīngqīsì /
lundi / mardi / mercredi / jeudi

Xīngqīwǔ / Xīngqīliù / Xīngqītiān
vendredi / samedi / dimanche

Dì-yī kè   Nín guì xìng
第一课   您贵姓
Leçon un   Comment vous appelez-vous ?

I. Lisez les mots et les phrases :

míngzi	nom	míngjì	graver dans le cœur
guó	pays	gǒu	chien
jiào	appeler, crier	diào	tomber, perdre
dōu	tout, entièrement	dú	lire à haute voix
duō	beaucoup		

bù hǎo   pas bien
shénme   quoi, que, quel
lǎoshī   professeur   pǔtōng   commun, général, banal
bù shuō Hànyǔ   ne pas parler chinois
bú shì Zhōngguó rén   ne pas être Chinois
Wǒ bú xìng Wáng.   Je ne m'appelle pas Wang.
Wǒ bú jiào Wáng Yīng.   Je ne m'appelle pas Wang Ying.

II. Mots et structures :

1. Exercices de substitution :

   （1）A. 你是哪国人？
       B. 我是<u>中国</u>人。

Jiānádà	Měiguó
加拿大	美国
Fǎguó	Yīngguó
法国	英国

(2) A. 她是中国人吗？
    B. 她是中国人。

| 加拿大 | 美国 |
| 法国 | 英国 |

(3) A. 你是不是中国人？
    B. 我不是中国人。

| 加拿大 | 美国 |
| 法国 | 英国 |

(4) 您说英语还是说法语？

xìng Zhāng	xìng Wáng
姓 张	姓 王
jiào Zhāng Shān	jiào Jiāng Shān
叫 张山	叫 江山

(5) 我是老师，他也是老师，我们都是老师。

姓王
说汉语
不是中国人

2. Remplissez le blanc par les caractères suivants：

是　说　姓　叫

（1）他____哪国人？

（2）我____马。

（3）他____什么名字？

（4）她不____汉语。

也　都

（5）我是加拿大人，他____是加拿大人，我们____是加拿大人。

（6）我不是中国人，他____不是中国人，我们____不是中国人。

吗　呢

（7）A：您说英语____？

　　B：我不说英语。您____？

　　A：我也不说英语。

3. Transformez les phrases affirmatives en phrases négatives：

（1）他是汉语老师。

（2）他说英语。

（3）他们都是加拿大人。

4. Faites une phrase avec les caractères suivants：

（1）我　美国　人　是

（2）她　美国　人　是　也

（3）他 美国 人 是 不

（4）你 叫 名字 什么

5. Transformez les phrases suivantes en phrases interrogatives de type 吗 *ma* et de type X 不 *bu* X :

（1）他是我同学。

（2）他说汉语。

（3）他是张老师。

6. Traduisez les phrases suivantes en chinois :

（1）Je ne parle que le chinois.

（2）Comment vous appelez-vous ?

（3）Êtes-vous Chinois ?

（4）Parlez-vous anglais ou français ?

（5）Mon nom n'est pas Wang, mon nom est Zhang.

III. Écoute et compréhension :

1. Quel est le nom de l'orateur ?

2. Est-ce qu'il parle français ?

3. Quelle est leur nationalité ?

4. Quelle erreur le garçon a-t-il commise ?

Leçon un 第一课 您贵姓

5. La fille est-elle Canadienne ou Chinoise?

6. Combien y a-t-il de personnes qui parleut? Quel est leur nom?

IV. Exercice oral：

1. Posez et répondez aux questions suivantes avec vos camarades en chinois：

Comment vous appelez-vous? Comment t'appelles-tu?

Quel est votre nationalité?

Est-ce que tu parles chinois?

2. Présentez-vous：votre nom, votre nationalité, si vous parlez chinois

3. Présentez un de vos camarades

V. Lisez les passages suivants et répondez aux questions：

白小红，女，中国人，说汉语，也说法语。
王　英，女，加拿大华裔，说法语，也说一点儿汉语。
马　力，男，法国人，说法语，不说英语。
江　山，男，美国人，说英语，也说一点儿法语。
张老师，男，汉语老师。

> 白小紅，女，中國人，說漢語，也說法語。
> 王　英，女，加拿大華裔，說法語，也說一點兒漢語。
> 馬　力，男，法國人，說法語，不說英語。
> 江　山，男，美國人，說英語，也說一點兒法語。
> 張老師，男，漢語老師。

Combien y a-t-il de personnes dans votre guoupe ? Quelle est leur nationalité ?

Qui parle chinois ? Qui parle anglais ? Qui parle français ?

VI. Remplissez le tableau en *Hanzi* :

姓　名 xìngmíng nom	性　別 xìngbié sexe	国　籍 guójí nationalité

Mots supplémentaires

法国	(*n.*)	Fǎguó	France	法國
华裔	(*n.*)	huáyì	la personne d'origine chinoise mais qui n'est pas de nationalité chinoise	華裔
一点儿		yì diǎnr	un peu	一點兒
男	(*adj.*)	nán	masculin	
女	(*adj.*)	nǚ	féminin	

Dì-èr kè Rènshi nǐ hěn gāoxìng
第二课 认识 你很 高兴
Leçon deux Heureux de faire votre connaissance

I. Lisez les mots suivants：

rènshi	connaître	piàoliang	joli, beau
péngyou	ami	xǐhuan	aimer
nǎ guó	quel pays	Fǎguó	France
Qǐng zuò.	Asseyez-vous, s'il vous plaît.		
Qǐng jìn.	Entrez, s'il vous plaît.		

II. Mots et structures：

1. Exercices de substitution：

(1) 这是我的<u>女朋友</u>。

男朋友
好朋友
老朋友
老同学
汉语老师

(2) A： 你在哪儿学习？
　　B： 我在路易大学东亚学系学习。

Fǎguó Bālí	Jiānádà Wòtàihuá
法国巴黎大学	加拿大渥太华大学
Měiguó Huáshèngdùn	Yīngguó Lúndūn
美国 华盛顿 大学	英国 伦敦大学

(3) A： 我可(以)不可以给你打电话？
　　B： 可以。

发电子邮件
写信

(4) A： 东方学院怎么样？
　　B： 东方学院很大，也很好。

很大，也很漂亮
不大，也不漂亮

(5) A： 请进！
　　B： 好。谢谢！

坐
喝茶

Leçon deux 第二课 认识你很高兴

2. Remplissez le blanc avec les mots suivants：

　　打　发　喝　喜欢　认识　工作

（1）我可以给你＿＿电话吗？

（2）我可以给你＿＿电子邮件吗？

（3）很高兴＿＿你！

（4）你在哪儿＿＿？

（5）请＿＿茶。

3. Construisez une phrase avec les mots donnés：

（1）我　进出口公司　在　工作

（2）他　我们　老师　的　是

（3）我　东亚学系　学生　的　是

（4）我　打电话　可以　吗　给　你

4. Complétez les phrases suivantes avec la formule "很+ Adj."：

（1）认识你我＿＿＿＿＿＿。

（2）我的大学＿＿＿＿＿＿。

（3）他的女朋友＿＿＿＿＿＿。

（4）我的工作＿＿＿＿＿＿。

5. （1）Lisez le numéro de téléphone rapidement：

　　5674932　2478321　9069543　24379067　21041796

（2）Écrivez le numéro de téléphone que vous entendez：

6. Traduisez les phrases suivantes en chinois :

   (1) Heureux de faire votre connaissance.

   (2) Entrez, s'il vous plaît !

   (3) J'étudie au Département d'Etudes de l'Asie de l'Est de l'Université Louis-Le-Grand.

   (4) Sa petite amie est jolie.

   (5) Leur université est grande et belle à la fois.

III. Écoute et compréhension :

   1. Préfère-t-il le téléphone ou l'e-mail ?
   2. A-t-il entendu le bon numéro ?
   3. Est-ce que Monsieur Zhang est là ?
   4. La personne est-elle le professeur ou l'étudiant ?
   5. Comment est son université ?
   6. Est-ce que tout le moude aime le professeur chinois ?
   7. Est-ce que ces deux personnes sont dans la même ville ?

IV. Exercice oral:

1. Posez la question et répondez-y:

   Échangez les numéros de téléphone.

2. Présentez-vous: où vous étudiez, comment est votre université et si vous aimez votre université.

3. Devinez ce que dit l'hôtesse:

V. Lisez la carte de visite（名片 *Míngpiàn*）**suivante et répondez aux questions：**

北京大学中文系

江　力　教授

地址：北京白马大街 134 号 405 室

电话：54647086（O）　　51887976（H）

传真：54641890　电子邮件：jiangli@pku.edu.cn

北京大學中文系

江　力　教授

地址：北京白馬大街 134 號 405 室

電話：54647086（O）　　51887976（H）

傳真：54641890　電子郵件：jiangli@pku.edu.cn

Qui est le professeur Jiang Li ? Où travaille-il ? Où habite-t-il ?

Quel est son numéro de téléphone et de fax ?

VI. Écrivez une petite introduction sur votre université ou institut avec les mots suivants：

我　在……学习
好　大　漂亮　喜欢

Mots supplémentaires

华盛顿	(n.)	Huáshèngdùn	Washington	華盛頓
渥太华	(n.)	Wòtàihuá	Ottawa	渥太華
巴黎	(n.)	Bālí	Paris	
伦敦	(n.)	Lúndūn	Londre	倫敦
写	(v.)	xiě	écrire	寫
信	(n.)	xìn	lettre	
名片	(n.)	míngpiàn	carte de visite	
北京	(n.)	Běijīng	capitale de la Chine	
教授	(n.)	jiàoshòu	professeur	
地址	(n.)	dìzhǐ	adresse	
街	(n.)	jiē	rue，avenue	
号	(m.w)	hào	numéro	號
室	(n.)	shì	chambre，pièce	
传真	(n.)	chuánzhēn	fax	傳真

Dì-sān kè   Nǐ jiā yǒu jǐ kǒu rén
第三课　你家有几口人

Leçon trois   Combien de personnes y a-t-il dans votre famille?

I. Lisez les mots et les phrases suivants：

shíyī	onze	yì bǎi	cent
yì qiān	mille	yí wàn	dix mille
yí gè rén	une personne	yí suì	un an (d'âge)
yì kǒu rén	une personne (dans une famille)		
yì jiā rén	une famille entière		
bàba	père, papa	māma	mère, maman
háizi	enfant	tàitai	femme, madame
duōshao	combien	dìfang	endroit, lieu
qù	aller	qiú	prier, demander
shǎo	peu	xiǎo	petit

II. Mots et structures：

1. Exercice de substitution：

   (1) A：你家有几口人？

   B：我家有<u>四</u>口人。

(2) A：你们学校有多少学生？
　　 B：我们学校大概有三万个学生。

| 五百 |
| 两千 |
| 两千五百 |

(3) A：他多大？
　　 B：他两岁。

| 十八岁 |
| 二十一岁 |
| 三十五岁 |

(4) A：你为什么想学习汉语？
　　 B：因为我有很多中国朋友。

| 我喜欢汉语 |
| 我爷爷、奶奶在中国 |
| 我们在中国有一个公司 |
| 我想去中国工作 |
| 老板让我去中国工作 |

2. Remplissez le blanc avec les mots suivants：

　　 个　口　岁

(1) 你有几_____中国朋友？
(2) 我家有三_____人。
(3) 我二十_____。

几　多少

（4）你们有_____个汉语老师？

（5）加拿大有_____人？

两　二

（6）我们班有_____个汉语老师。

（7）我们大学有十_____个汉语老师。

3. Construisez une phrase avec les mots donnés：

（1）你家　口　人　几　有

（2）你　个　几　中国　朋友　有

（3）你们　学校　学生　多少　有

（4）想　我　工作　中国　去

（5）老板　让　去　中国　我　工作

4. （1）Lisez les numéros suivants：

　　94 8597　　66 1185　　997 6100　　960 0000

　　65 0087　　106 8583　　154 0681　　13 0000 0000

（2）Écrivez les numéros que vous entendez：

_____　_____　_____

_____　_____　_____

_____　_____　_____

5. Traduisez les phrases suivantes en chinois：

（1）Il a deux amis chinois.

(2) Il a beaucoup d'amis chinois.

(3) Il n'a pas d'amis chinois.

(4) Il n'y a pas de professeur chinois dans leur université.

(5) Il y a beaucoup d'élèves de chinois dans notre école.

(6) Y a-t-il des élèves qui apprennent le chinois dans votre école?

III. Écoute et compréhension：

1. Est-ce que sa femme est ici aussi?
2. Préfère-t-il le garçon ou la fille?
3. Comment la trouve-t-il?
4. Quel âge a la personne d'après vous?
5. Combien d'habitants y a-t-il à Shanghai?
6. Pourquoi veut-il apprendre le chinois?
7. Est-ce qu'il va être envoyé en Chine par son eutreprise?

IV. Exercice oral：

1. Posez la question et répondez-y：

Combien y a-t-il de personnes à l'école?

Combien de personne y a-t-il dans votre famille?

Pourquoi apprends-tu le chinois?

2. Présentez votre famille ou votre école.

V. Lisez le passage suivant et répondez aux questions：

我们学校有两万多个学生，有一百多个人学习汉语。我们学校很大，也很漂亮。我非常喜欢我们学校。
我们的汉语老师是女的，姓王。王老师是上海人，她先生也是我们学校的老师，是东亚系教授。他们有两个孩子。小孩子十一岁，上小学；大孩子十九岁，上大学，是我的同学。王老师和她先生的普通话都很好。但是，他们的孩子汉语很不好。

我們學校有兩萬多個學生，有一百多個人學習漢語。我們學校很大，也很漂亮。我非常喜歡我們學校。
我們的漢語老師是女的，姓王。王老師是上海人，她先生也是我們學校的老師，是東亞系教授。他們有兩個孩子。小孩子十一歲，上小學；大孩子十九歲，上大學，是我的同學。王老師和她先生的普通話都很好。但是，他們的孩子漢語很不好。

Combien y a-t-il d'étudiants dans leur université ?

Combien d'étudiants apprennent le chinois ?

Combien y a-t-il de personnes chez le Professeur Wang ?

Comment est leur chinois ?

VI. Écrivez un petit passage pour présenter votre famille et votre école en commençant par 我家有…… **ou** 我们学校有……:

Mots supplémentaires

爷爷	(*n.*)	yéye	grand-père	爺爺
奶奶	(*n.*)	nǎinai	grand-mère	
多	(*particle.*)	duō	nombreux ; plus ... que	
非常	(*adv.*)	fēicháng	très, extrêmement	
教授	(*n.*)	jiàoshòu	professeur	
先生	(*n.*)	xiānsheng	monsieur, mari	

Dì-sì kè Zhè zhāng dìtú shì Fǎwén de
第四课 这 张 地图是 法文 的
Leçon quatre   Cette carte est en français

I. Lisez les mots suivants：

zhèr	ici	nàr	là-bàs
nǎr	où	wánr	jouer
cídiǎn	dictionnaire	cítiě	aimant
shuí	qui	shuǐ	eau
zhīdao	savoir, connaître	zhǐdǎo	guider, diriger
qǐngwèn	pardon, excusez-moi	qīnwěn	embrasser
yǒuyòng	utile	yóuyǒng	nager
shàngkè	suivre ce cours	chànggē	chanter des chansons

II. Mots et structures：

1. Exercice de substitution：

(1) A：我看一下，行吗？
    B：行。

用
借

Leçon quatre 第四课 这张地图是法文的

(2) 这两张地图都是<u>法文</u>的。

| 中文 |
| 英文 |

(3) 哪<u>本</u>词典是老师的？

本	书
支	笔
个	本子

(4) 这本词典非常<u>好</u>。

| 大 | 有用 |
| 漂亮 | |

2. Remplissez le blanc avec les mots suivants：

　　　问　用　玩儿　知道

(1) 我想去北京_____。

(2) 他在哪个教室上课，你_____吗？

(3) 请_____，这是您的词典吗？

(4) 我可不可以_____一下您的词典？

　　　本　张　个　支　下

(5) 让我看一_____你的中国地图，可以吗？

(6) 这_____词典很有用。

(7) 那_____本子是谁的？

(8) 我有两_____法国地图。

(9) 这_____书很有意思。

（10）请给我一_____笔，好吗？

3. Complétez les phrases suivantes：

那个地方_____，_____。（大　漂亮）

他 英语_____，法语_____。（好）

他们学校老师_____，学生_____。（少　多）

4. Traduisez les phrases suivantes en chinois：

（1）J'aime celui-ci, je n'aime pas celui-là. Je préfère celui-ci que celui-là.

（2）Cette carte de la Chine est très utile.

（3）Ce dictionnaire est très bien.

（4）Pourrais-je utiliser votre dictionnaire ?

（5）À qui sont ces deux dictionnaires ?

III. Écoute et compréhension：

1. Qu'est-ce qu'il a ?
2. À qui est le dictionnaire ?
3. Pourquoi la personne veut-elle regarder la carte de la Chine ?
4. Que pense-t-elle du livre ?
5. Est-ce que la femme a prêté son dictionnaire à l'homme ?

6. Quel genre de carte voulait-il regarder ?

7. Pourquoi le garçon pense que le chinois est utile ?

IV. Exercice oral :

1. Posez la question et répondez-y :

   As-tu une carte de la Chine ? La carte est-elle en français ou en chinois ?

   Avez-vous un dictionnaire ? Quel dictionnaire ? Est-il utile ?

2. Essayez d'emprunter une carte ou un dictionnaire auprès de votre camarade.

V. Lisez le passage suivant et répondez aux questions :

中国在东半球,加拿大在西半球。加拿大很大,中国也很大。中国人口很多,加拿大人口不多。中国人说汉语,加拿大人说英语或者法语。中国人学习英语,加拿大人学习汉语。中国人说英语很好学,加拿大人说汉语不好学。

中國在東半球,加拿大在西半球。加拿大很大,中國也很大。中國人口很多,加拿大人口不多。中國人説漢語,加拿大人説英語或者法語。中國人學習英語,加拿大人學習漢語。中國人説英語很好學,加拿大人説漢語不好學。

Quelle est la différence entre le Canada et la Chine ?

VI. Écrivez un petit commentaire sur une carte ou un dictionnaire en commençant par 我有……：

(Les mots de référence：这　好　大　有用　漂亮)

Mots supplémentaires

东半球	(*n.*)	dōngbànqiú	Hémisphère Est	東半球
西半球	(*n.*)	xībànqiú	Hémisphère Ouest	
或者	(*conj.*)	huòzhě	ou	
人口	(*n.*)	rénkǒu	population	
好学		hǎo xué	facile à apprendre	好學

Dì-wǔ kè Néng bu néng shì yi shì
第五课 能 不 能 试一试
Leçon cinq Puis-je essayer ?

I. Lisez les mots et les phrases suivants :

买	mǎi	acheter		卖	mài	vendre
千	qiān	mille		钱	qián	argent
吃	chī	manger		迟	chí	tard
最	zuì	le plus		嘴	zuǐ	bouche
菜	cài	plat, légumes		猜	cāi	deviner
要	yào	vouloir, devoir		腰	yāo	rein, taille, dos
会	huì	pouvoir 灰 huī	gris	回	huí	retour, rentrer
水饺	shuǐjiǎo	ravioli chinois		睡觉	shuìjiào	dormir
饭店	fàndiàn	restaurant		房间	fángjiān	chambre, pièce

这件白衬衫多少钱？Zhè jiàn bái chènshān duōshao qián?

Combien coûte cette chemise blanche ?

这条太大。Zhè tiáo tài dà.

Il est trop grand.

你要酸辣汤？Nǐ yào suānlàtāng?

Voulez-vous une soupe vinaigrée et poivrée ?

对，我要酸辣汤。Duì, wǒ yào suānlàtāng.

Oui, j'en veux.

II. Mots et structures：

1. Exercice de substitution：

(1) A：你会说汉语吗？
　　B：我会说一点儿汉语。

| 说……法语 |
| 写……汉字 |

(2) A：这件白衬衫多少钱？
　　B：一百五十块。

| 那条裤子 |
| 这件衣服 |
| 那本书 |

(3) A：能不能试一试？
　　B：当然可以。

| 看一看　问一问 |
| 用一用　休息休息 |

(4) 那是他们饭店最好吃的菜。

| 贵 |
| 便宜 |

(5) 这个菜很辣。

| 不　　不太 |
| 比较　非常 |

Leçon cinq 第五课 能不能试一试

2. Remplissez le blanc avec les mots suivants：

和　　也　　还

(1) 我要买衬衫_____裤子。

(2) 我想买一件衬衫，他_____想买一件衬衫。

(3) 我想买一件衬衫，_____想买一条裤子。

3. Remplissez les blancs avec les différents adjectifs：

(1) 这个饭店的菜非常_____。

(2) 这条裤子很_____。

(3) 两百块？太_____了！

(4) 这是一本非常_____的书。

(5) 我不喜欢这件白衬衫，我喜欢那件_____衬衫。

(6) 我喜欢吃_____的，不喜欢吃_____的。

4. Traduisez les phrases suivantes en chinois：

(1) Je sais parler un peu chinois.

(2) Puis-je essayer ?

(3) Qu'est-ce que voulez-vous, Monsieur ?

(4) Ce plat est délicieux.

(5) J'aime faire des courses dans de petits magasins.

(6) Il y a un grand magasin là-bas.

III. Écoute et compréhension：

1. Parle-t-il très bien chinois ?

2. Combien coûte la chemise ?

3. Laquelle veut-il ?

4. Où sont-ils ?

5. Pourquoi les plats sont-ils si chers dans ce restaurant ?

6. Quel endroit préfèrent-ils pour faire des courses ? Pourquoi ?

7. Est-ce qu'ils sont satisfaits de leur repas ?

IV. Exercice oral :

1. Achetez une veste dans un magasin. Demandez le prix et choisissez la bonne couleur et bonne taille. Le vendeur peut faire des recommandations.

Leçon cinq 第五课 能不能试一试

2. Lisez le menu ［càidān］ et commandez les plats. La serveuse peut faire des recommandations.

鱼香肉丝	yúxiāngròusī	émincés de porc sautés à la sauce piquante
麻辣豆腐	málà dòufu	Tofu à la sauce piquante et poivrée
烤	kǎo	rotir
鸭	yā	canard
青椒	qīngjiāo	poivron vert
炒	chǎo	sauter
青菜	qīngcài	légumes verts
番茄	fānqié	tomate
鸡蛋	jīdàn	œuf
面	miàn	nouille

LE CHINOIS CONTEMPORAIN

V. Lisez le passage suivant et répondez aux questions :

有很多不同的中国菜。广东菜和四川菜不一样,上海菜和山东菜不一样,中国的中国菜和美国的中国菜也不太一样。不同的地方有不同的菜,不同的人喜欢不同的味道。有的人喜欢吃甜的,有的人喜欢吃咸的,有的人喜欢吃酸的,有的人喜欢吃辣的。在中国,有很多人喜欢吃辣的。有人说:四川人不怕辣,湖南人辣不怕,江西人怕不辣。你想想:谁最喜欢吃辣的?

有很多不同的中國菜。廣東菜和四川菜不一樣,上海菜和山東菜不一樣,中國的中國菜和美國的中國菜也不太一樣。不同的地方有不同的菜,不同的人喜歡不同的味道。有的人喜歡吃甜的,有的人喜歡吃鹹的,有的人喜歡吃酸的,有的人喜歡吃辣的。在中國,有很多人喜歡吃辣的。有人說:四川人不怕辣,湖南人辣不怕,江西人怕不辣。你想想:誰最喜歡吃辣的?

Y a-t-il de différentes saveurs de plats dans les différentes régions de la Chine ?

Dans quelle région les gens aiment beaucoup les plats piquants ?

VI. Écrivez un petit passage en commençant par 在这儿，有很多中国饭店。……：

(Mots de référence：菜　菜的名字　知道　会　菜单　因为　认识　好吃　喜欢　酸　辣　甜)

Mots supplémentaires

写	(v.)	xiě	écrire	寫
休息	(v.)	xiūxi	se reposer	
不同	(adj.)	bùtóng	différent	
一样	(adj.)	yíyàng	pareil, même	一樣
味道	(n.)	wèidao	goût, saveur	
广东	(n.)	Guǎngdōng		廣東
四川	(n.)	Sìchuān		
上海	(n.)	Shànghǎi		
山东	(n.)	Shāndōng		山東
有的	(pron.)	yǒude	certain	
甜	(adj.)	tián	sucré	
咸	(adj.)	xián	salé	鹹
怕	(v.)	pà	avoir peur de	
湖南	(n.)	Húnán		
江西	(n.)	Jiāngxī		
菜单	(n.)	càidān	menu	菜單

Dì-liù kè Míngtiān dǎsuan gàn shénme
第六课 明天 打算 干 什么
Leçon six Qu'est-ce que vous allez faire demain?

I. Lisez les mots et les phrases suivants：

上午	shàngwǔ	matin		下午	xiàwǔ	après-midi
休息	xiūxi	se reposer		学习	xuéxí	étudier
打算	dǎsuan	envisager(de faire qch.)		大蒜	dàsuàn	ail
接	jiē	accueillir		见	jiàn	voir
一半	yíbàn	demi		一般	yìbān	général

我想去打球。

Wǒ xiǎng qù dǎ qiú.

Je veux jouer au ballon.

我要去看一个朋友。

Wǒ yào qù kàn yí gè péngyou.

Je vais aller voir un ami.

我明天晚上有一个约会。

Wǒ míngtiān wǎnshang yǒu yí gè yuēhuì.

J'ai un rendez-vous demain soir.

Leçon six 第六课 明天打算干什么

II. Mots et structures：

1. Exercice de substitutions：

(1) A：今天星期几？
　　B：今天星期一。

| 星期二　星期三　星期四 |
| 星期五　星期六　星期天 |

(2) A：现在几点？
　　B：现在八点。

| 九点三刻 |
| 十点半 |
| 十一点二十分 |

(3) A：明天晚上你打算干什么？
　　B：我明天晚上有一个约会。

| 要去看一个朋友 |
| 要做功课 |
| 要去打工 |
| 在家里休息 |

(4) A：我想请你一起去喝咖啡。
　　B：好的，谢谢！

| 喝茶 |
| 打球 |
| 看电影 |

75

（5）A：明天下午两点半我在咖啡馆等你。
　　　B：好，明天见！

| 学校　　家里 |
| 公园门口 |

2. Construisez une phrase avec les mots dans l'ordre：

（1）有空儿　你　下午　吗

（2）我　去　看你　晚上　明天

（3）休息　我　明天　家里　在

（4）我们　见面　晚上九点　咖啡馆　在

（5）我　他　去　打球　想　请

3. Remplissez les blancs avec les mots suivants：

　　　打　喝　做　看　休息

（1）你喜欢_____什么球？

（2）今天星期天，他在家里_____。

（3）我不喜欢_____电视。

（4）今天晚上我要_____很多功课。

（5）要不要_____咖啡？

4. Quelle heure est-il maintenant？

5. Traduisez les phrases suivantes en chinois：

(1) Qu'est-ce que tu vas faire demain matin ?

(2) Je suis très occupé aujourd'hui.

(3) Je vais t'attendre à la maison demain à deux heures de l'après-midi.

(4) Il m'a invité à dîner avec lui ce soir.

III. Écoute et compréhension：

1. Quelle heure est-il ?
2. Qu'est-ce qu'il va faire ce soir ?
3. Qu'est-ce qu'il veut dire ?
4. Qu'est-ce qu'il va faire demain ?
5. Qu'est-ce qu'il va faire ?
6. Est-ce que la fille accepte l'invitation du garçon ?
7. Où et quand vont-ils se rencontrer ?

IV. Exercice oral:

1. Posez les questions et répondez-y:

   Quel jour sommes-nous aujourd'hui?

   Quelle heure est-il maintenant?

   Qu'est-ce que vous allez faire demain?

2. Regardez les dessins et répondez aux questions:

   À quelle heure se lève-t-il?

   (qǐchuáng, se lever)

   À quelle heure prend-il le petit déjeuner?

   (chī zǎofàn, prendre le petit déjeuner)

   À quelle heure va-t-il à l'école?

   (qù shàngxué, aller à l'école)

   À quelle heure dîne-t-il?

   (chī wǎnfàn, dîner)

   À quelle heure se couche-t-il?

   (shuìjiào, se coucher)

(1)

Leçon six 第六课 明天打算干什么

(2)

(3)

(4)

(5)

3. A téléphone à B pour l'inviter à prendre un café / aller au cinéma：

（1）B accepte l'invitation mais voulait changer les horaires.

（2）B essaie de trouver des excuses pour refuser l'invitation.

V. Lisez le passage suivant et répondez aux questions：

我平时很忙。白天要上课，晚上还要做功课。我的中国朋友请我去玩儿，可是，我哪有空儿？谢天谢地，明天星期六，没有课了。可是，我明天上午、下午都要去打工。我爸爸、妈妈让我在家里休息休息，可是，我要去打工。因为我不喜欢用爸爸、妈妈的钱。后天是星期天，我上午要去机场接一位朋友，下午去打球，晚上有一个约会。你看，星期六、星期天，我也很忙。

Leçon six 第六课 明天打算干什么

> 我平時很忙。白天要上課，晚上還要做功課。我的中國朋友請我去玩兒，可是，我哪有空兒？謝天謝地，明天星期六，沒有課了。可是，我明天上午、下午都要去打工。我爸爸、媽媽讓我在家裏休息休息，可是，我要去打工。因爲我不喜歡用爸爸、媽媽的錢。後天是星期天，我上午要去機場接一位朋友，下午去打球，晚上有一個約會。你看，星期六、星期天，我也很忙。

Qu'est-ce qu'il fait pendant le week-end ?

Qu'est-ce qu'il va faire demain ?

Qu'est-ce qu'il va faire après demain ?

VI. Écrivez vos projets pour demain.

Mots supplémentaires

电影	diànyǐng	film	電影
咖啡馆	kāfēiguǎn	café	咖啡館
公园	gōngyuán	parc public	公園
门口	ménkǒu	entrée	門口
平时	píngshí	en temps normal	平時
可是	kěshì	mais	
谢天谢地	xiètiān xièdì	Dieu merci	謝天謝地
后天	hòutiān	après demain	後天
机场	jīchǎng	aéroport	機場

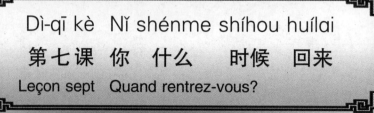

Dì-qī kè Nǐ shénme shíhou huílai
第七课 你 什么 时候 回来
Leçon sept Quand rentrez-vous?

I. Lisez et répétez les mots et les phrases suivants :

长	cháng	long	强	qiáng	fort
找	zhǎo	chercher	叫	jiào	appeler, crier
旅行	lǚxíng	voyager	流行	liúxíng	à la mode
眼镜	yǎnjìng	lunettes	眼睛	yǎnjing	œil
进去	jìnqu	entrer	进出	jìnchū	entrer et sortir

你找谁？

Nǐ zhǎo shéi?

Qui cherchez-vous?

她刚出去。

Tā gāng chūqu.

Elle vient de sortir.

我想去中国旅行。

Wǒ xiǎng qù Zhōngguó lǚxíng.

Je vais voyager en Chine.

我七月一号以前回来。

Wǒ qī yuè yī hào yǐqián huílai.

Je vais rentrer avant le Ier juillet.

II. Mots et structures：

1. Exercice de substitutions：

（1）A：今天几号？
　　　B：今天<u>十月一号</u>。

| 一月二号　四月五号 |
| 十二月二十五号 |

（2）A：你打算什么时候回来？
　　　B：我打算<u>七月一号</u>以前回来。

| 三点钟　吃饭 |
| 明年四月 |

（3）A：<u>放假</u>以后你去哪儿？
　　　B：我回家。

| 四点钟　下课 |
| 一个星期 |

（4）<u>他高高的，瘦瘦的</u>。

| 胖胖的，白白的 |
| 矮矮的，瘦瘦的 |
| 高高大大的 |

（5）他有点儿<u>担心</u>。

| 忙 |
| 累 |
| 不高兴 |

2. Remplissez les blancs avec les mots suivants：

　　　穿　　　戴

(1) 他喜欢_____红衬衫。

(2) 她每天都_____牛仔裤。

(3) 他_____眼镜吗？

　　　还是　　或者

(4) 你这个月去_____下个月去？

(5) 我打算今天下午去，_____明天上午去。

　　　回　　　回来　　　回去

(6) 我家在北京，放假以后我要_____北京。

(7) 我家在北京，放假以后我打算_____看看我的家人。

(8) 他上个月去北京了，昨天刚_____。

　　　一点儿　　　有点儿

(9) 我会说_____汉语。

(10) 我想喝_____水。

(11) 他今天_____不高兴。

(12) 那儿的东西_____贵。

　　　不　　别

(13) 我没有空儿，_____能去旅行。

(14) 那个商店的东西太贵，你_____去那儿买。

3. Remplissez les blancs avec les adjectifs suivants (suivi de "的") sous leur forme répétée：

(1) 她_____（高），头发_____（长）。

(2) 这个汤_____（酸），_____（辣），真好喝。

4. Regardez les dessins et devinez ce que dit la personne：

(1)

(2)

(3)

5. Traduisez les phrases suivantes en chinois :

(1) Je vais revenir dans peu de temps.

(2) Il vient de sortir.

(3) Je vais rentrer avant le 4 du mois prochain.

(4) Tous les professeurs là-bas sont féminins.

III. Écoute et compréhension :

1. Qu'est-ce qu'il a dit ?
2. Est-ce que l'homme est bien la personne que la femme veut rencontrer ?
3. Quand part-il voyager ?
4. Où bavardent-ils les deux personnes ?
5. Pourquoi la personne n'arrive-t-elle pas à lire le caractère ?
6. Est-ce que les étudiants chinois sont en vacances à Noël ?
7. De quoi l'homme D'inquiète-il ?

IV. Exercice oral：

1. Lisez l'emploi du temps de Wang Ying et racontez-le en chinois à vos camarades

26	mai voyage à Beijing，Shanghai et Xi'an
26	juin retour

2. En observez le dessin décrivez la fille：

V. Lisez le passage suivant et répondez aux questions：

王老师：

您好！我来找您，可是您不在。

放假以后我打算去北京旅行，但是我没有北京地图。我不知道在什么地方可以买北京地图。您有北京地图吗？如果您有，我可以不可以用一下？

还有，您在北京有没有朋友？我去北京以后，他们能不能帮助我？

晚上我给您打电话。谢谢！

江山

3月21日

王老師：

　　您好！我來找您，可是您不在。

　　放假以後我打算去北京旅行，但是我沒有北京地圖。我不知道在什麼地方可以買北京地圖。您有北京地圖嗎？如果您有，我可以不可以用一下？

　　還有，您在北京有沒有朋友？我去北京以後，他們能不能幫助我？

　　晚上我給您打電話。謝謝！

江山
3月 21 日

Qui a écrit cela? À qui a-t-il écrit? Quand a-t-il écrit?

Pourquoi Jianshan veut voir Prof. Wang?

VI. Supposons que vous allez voyager en Chine. Envoyez un e-mail, s'il vous plaît, à votre ami en Chine pour lui dire l'heure de votre arrivée et le numéro du vol, et lui demander de vous accueillir à l'aéroport.

1. Mots de référence：

航班	hángbān	numéro du vol	到	dào	arriver
飞机	fēijī	avion	机场	jīchǎng	aéroport
接	jiē	accueillir			

2. Votre e-mail peut commencer par la phrase suivante：

张明：

你好！我打算……

Mots supplémentaires

胖	pàng	gros
矮	ǎi	petit（en taille）
累	lèi	fatigué
但是	dànshì	mais
如果	rúguǒ	si

Dì-bā kè Fùjìn yǒu méiyǒu yínháng
第八课 附近 有 没有 银行
Leçon huit Y a-t-il une banque près d'ici ?

I. Lisez les mots et les phrases suivants：

前面	qiánmiàn	devant	见面	jiànmiàn	se rencontrer
从	cóng	de, depuis	同	tóng	avec
骑车	qí chē	en vélo	汽车	qìchē	voiture
怎么	zěnme	comment	什么	shénme	que, quoi, quel
客气	kèqi	poli	科技	kējì	la science et la technologie
车站	chēzhàn	station	出站	chū zhàn	sortir de la station
地铁	dìtiě	métro	电梯	diàntī	ascenseur

往右拐，过马路。
Wǎng yòu guǎi, guò mǎlù.
Tournez à droite, et traversez la rue.

邮局就在那个银行的旁边。
Yóujú jiù zài nà gè yínháng de pángbiān.
Le bureau de poste est just à côté de la banque.

能不能坐公共汽车去？
Néng bu néng zuò gōnggòng qìchē qù?
Est-il possible d'y aller en bus ?

Leçon huit 第八课 附近有没有银行

II. Les mots et les structures：

1. Exercice de substitutions：

(1) <u>附近</u>有没有银行？

前面
你家附近
学校旁边

(2) 邮局就在<u>那个银行的旁边</u>。

汽车站的前面
我们学校的后面
他们公司的右面
那个商店的左面

(3) 地铁站离<u>汽车站</u>远不远？

这儿
你家
你们公司

(4) 能不能<u>骑自行车去</u>？

坐飞机
坐火车
坐公共汽车
坐地铁

2. Remplissez les blancs avec les mots suivants：

怎么　怎么样　什么

(1) 请问，去邮局_____走？

(2) "chemise" 汉语_____说？

(3) 那个饭店_____？

(4) 那是_____词典？

(5) 你明天打算干_____？

(6) 你的工作_____？

(7) 这个字_____写？

离　从

(8) 这儿_____市中心远不远？

(9) _____这儿到市中心远不远？

(10) _____银行到邮局很近。

(11) 银行_____邮局很近。

在　有

(12) 请问，附近_____邮局吗？

(13) 银行旁边_____一个邮局。

(14) 邮局_____我家左面。

(15) 汽车站就_____地铁站旁边。

(16) 大学门口就_____一个饭店。

3. Écrivez les phrases "在" suivant les dessins：

Ex.

书在桌子上。

(1)

 江山

 马力

(2)

(3)

4. Écrivez les phrases "有" suivant les dessins：

Ex.

桌子上有一本书。

王英的家

5. Traduisez les phrases suivantes en chinois：

(1) Y a-t-il une poste près d'ici?

(2) Il y a une librairie devant ma maison.

(3) La station de métro n'est pas très loin de l'arrêt du bus.

(4) Tout droit, tournez à gauche, traversez la rue et la banque est là.

(5) Je vais y aller en vélo.

III. Écoute et compréhension:

1. Est-ce loin de chez lui l'école?
2. Par quel moyen va-t-il y aller?
3. Où va-t-il?
4. De quoi parlent-ils?
5. Y a-t-il une station de métro à l'entrée de l'université?
6. Entourez l'endroit où se trouve la Banque de la Chine.

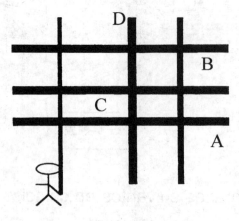

7. Tracez la route pour aller à la gare.

Leçon huit 第八课 附近有没有银行

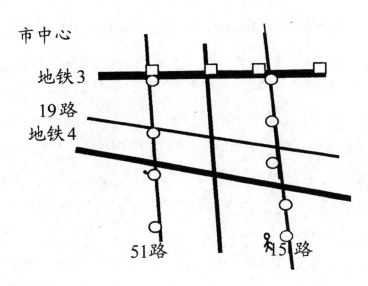

IV. Éxercice oral：

Décrivez pour Jack la route pour aller à l'université.

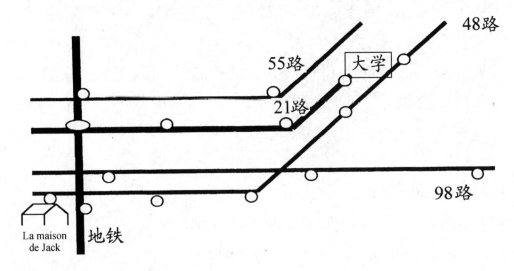

Mots de références：

先 坐 地铁 然后 换 公共汽车

到 终点站 zhōngdiǎnzhàn terminus 或者 坐

下车 以后

走一点儿

V. Lisez le passage suivant et répondez aux questions：

我家在市中心。我家前面有商店、书店、水果店、食品店、饭店，我家左面有一个银行，我家右面有一个邮局。我爸爸在左面的银行工作，我妈妈在右面的邮局工作。我常常去前面的商店买东西。我的学校就在我家后面。从我家到学校很近。不用坐公共汽车，也不用开车，只要走过去就行。

我家在市中心。我家前面有商店、書店、水果店、食品店、飯店，我家左面有一個銀行，我家右面有一個郵局。我爸爸在左面的銀行工作，我媽媽在右面的郵局工作。我常常去前面的商店買東西。我的學校就在我家後面。從我家到學校很近。不用坐公共汽車，也不用開車，只要走過去就行。

Où est sa maison？

Qu'est-ce qu'il y a à gauche de sa maison？

Qu'est-ce qu'il y a à droite de sa maison？

Qu'est-ce qu'il y a derrière sa maison？

Qu'est-ce qu'il y a devant sa maison？

Où est son école？

Comment y va-t-il？

Leçon huit 第八课 附近有没有银行

VI. Écrivez ce que vous avez dit au cours de l'exercice oral.

Mots supplémentaires

飞机	(*n.*)	fēijī	avion	飛機
火车	(*n.*)	huǒchē	train	火車
桌子	(*n.*)	zhuōzi	table, bureau	
水果	(*n.*)	shuǐguǒ	fruit	
食品	(*n.*)	shípǐn	nourriture, alimentation	
不用	(*modal v.*)	búyòng	pas besoin	
开车		kai chē	conduire une voiture	開車
常常	(*adv.*)	chángcháng	souvent	

书　名	标准书号	定价	作　者
博雅汉语——初级起步篇(1)	ISBN 7-301-07529-4/H·1029	65.00	李晓琪
博雅汉语——初级起步篇(2)	ISBN 7-301-07861-7/H·1164	54.00	李晓琪
博雅汉语——中级冲刺篇(1)	ISBN 7-301-07531-6/H·1031	50.00	李晓琪
博雅汉语——准中级加速篇(1)	ISBN 7-301-07530-8/H·1030	48.00	李晓琪
博雅汉语——准中级加速篇(2)	ISBN 7-301-07862-5/H·1165	68.00	李晓琪
博雅汉语——高级飞翔篇(1)	ISBN 7-301-07532-4/H·1032	55.00	李晓琪
新概念汉语(初级本1)(日韩文注释本)	ISBN 7-301-07533-2/H·1033	40.00	刘德联、张园
新概念汉语(初级本1)复练课本(日韩文版)	ISBN 7-301-08342-4/H·1368	40.00	刘德联、张园
新概念汉语(初级本2)(日韩文注释本)	ISBN 7-301-07534-0/H·1034	40.00	刘德联、张园
新概念汉语(初级本2)复练课本(日韩文版)	ISBN 7-301-08343-2/H·1369	40.00	刘德联、张园
新概念汉语阅读(初级本)	ISBN 7-301-08628-8/H·1407	52.00	张园
新标准汉语(初级篇)(第一册)	ISBN 7-301-07777-7/H·1124	60.00	方铭
新标准汉语(初级篇)(第二册)	ISBN 7-301-07778-5/H·1125	85.00	方铭
新标准汉语(中级篇)(第一册)	ISBN 7-301-07979-6/H·1233	78.00	方铭
新标准汉语(中级篇)(第二册)	ISBN 7-301-07980-X/H·1234	95.00	方铭
留学中国——中级汉语教程	ISBN 7-301-07836-6/H·1153	65.00	靳洪刚、许德宝、赵德麟等
中国之路——中级汉语教程	ISBN 7-301-07827-7/H·1145	65.00	靳洪刚、许德宝等
新汉语情景会话(上)(英日韩文注释本)	ISBN 7-301-07730-0/H·1107	50.00	陈如
新汉语情景会话(下)(英日韩文注释本)	ISBN 7-301-07731-9/H·1108	65.00	陈如
新生活汉语——中级口语(上)(对外版)	ISBN 7-301-07732-7/H·1109	42.00	连吉娥
新生活汉语——中级口语(下)(对外版)	ISBN 7-301-07733-5/H·1110	40.00	连吉娥
实践汉语进阶——中级汉语口语	ISBN 7-301-08216-9/H·1316	33.00	孙雁雁
新中级汉语听力(上)	ISBN 7-301-06527-2/H·0889	55.00	刘颂浩、马秀丽
新中级汉语听力(下)	ISBN 7-301-08429-3/H·1379	45.00	刘颂浩、宋海燕
汉语中级听力教程(上册)(第二版)	ISBN 7-301-07697-5/H·1092	70.00	刘元满、王玉
汉语中级听力教程(下册)(第二版)	ISBN 7-301-07972-9/H·1227	70.00	刘元满、王玉
汉语新视野——标语标牌阅读1	ISBN 7-301-07566-9/H·1043	36.00	张世涛
汉语新视野——标语标牌阅读2	ISBN 7-301-09287-3/H·1515	72.00	张世涛
汉语新闻阅读教程	ISBN 7-301-08009-3/H·1255	58.00	刘谦功、王世巽
报刊语言基础教程(上)	ISBN 7-301-07997-4/H·1245	35.00	肖立

书　　名	标准书号	定价	作　者
报刊语言基础教程（下）	ISBN 7-301-08904-X/H·1460	35.00	肖立
轻松读报——中文报刊泛读教程（中级Ⅰ）	ISBN 7-301-09037-4/H·1482	38.00	朱建中
轻松读报——中文报刊泛读教程（中级Ⅱ）	ISBN 7-301-09038-2/H·1483	36.00	朱建中
成功之道——商务汉语教程	ISBN 7-301-08014-X/H·1260	55.00	袁芳远
商务汉语入门——基本礼仪篇	ISBN 7-301-08541-9/H·1395	42.00	张黎
商务汉语入门——日常交际篇	ISBN 7-301-08744-6/H·1455	56.00	张黎
商务汉语提高	ISBN 7-301-09039-0/H·1484	64.00	张黎
初级商务汉语会话	ISBN 7-301-09481-7/H·1533	59.00	孙冰
汉语商务通——中级口语教程	ISBN 7-301-07840-4/H·1157	50.00	董瑾
汉语商务通——中级听力教程	ISBN 7-301-07841-2/H·1158	80.00	董瑾
汉语商务通——中级阅读教程	ISBN 7-301-07839-0/H·1156	60.00	董瑾
新汉语经济词汇手册	ISBN 7-301-07583-9/H·1050	32.00	黄惠玲
新编汉字津梁（上）	ISBN 7-301-09254-7/H·1511	54.00	施正宇
新编汉字津梁（下）	ISBN 7-301-09255-5/H·1512	54.00	施正宇
汉字突破（英文版）	ISBN 7-301-09286-5/H·1514	95.00	周健
新编趣味汉语阅读	ISBN 7-301 09519-8/H·1541	45.00	刘德联、董琳莉
阶梯汉语阅读（初级）	ISBN 7-301-08015-8/H·1261	48.00	蒋锦文
汉语100（课本1）（阿拉伯文版）	ISBN 7-301-08662-8/H·1417	65.00	李芳杰
基础华语（印度尼西亚文版）	ISBN 7-301-08642-3/H·1409	65.00	周健
当代中文第一册·课本（法文版）	ISBN 7-301-08660-1/H·1415	66.00	吴中伟
当代中文第一册·汉字本（法文版）	ISBN 7-301-08659-8/H·1414	50.00	吴中伟
对韩汉语口语教程 初级Ⅰ	ISBN 7-301-07791-2/H·1130	50.00	李明晶
汉语易读（2）课文附练习册（日文版）	ISBN 7-301-07414-X/H·1015	48.00	陆庆和、徐菊秀
汉语易读（2）教师手册（日文版）	ISBN 7-301-07933-8/H·1195	12.00	陆庆和等
汉语易读（3）（日文版）	ISBN 7-301-07934-6/H·1196	18.00	徐菊秀
大家说汉语——中级汉语口语（韩文注释本）	ISBN 7-301-09501-5/H·1538	47.00	苏瑞卿
大家说汉语（英日文注释本）	ISBN 7-301-09502-3/H·1539	48.00	苏瑞卿
汉语口语常用句式学习手册	ISBN 7-301-07540-5/H·1039	29.00	刘德联、刘晓雨
汉语正音教程	ISBN 7-301-07742-4/H·1119	33.00	王若江
快乐时光幼儿汉语·会话篇	ISBN 7-301-07878-1/H·1174	22.00	陈莉、董琳莉
快乐时光幼儿汉语·拼音篇	ISBN 7-301-07876-5/H·1172	22.00	董琳莉、陈莉
快乐时光幼儿汉语·韵文篇	ISBN 7-301-07877-3/H·1173	22.00	刘德联、刘岩
旅游汉语速成（附练习及答案）	ISBN 7-301-09500-7/H·1537	80.00	学汉语游中国编写组
现代汉语虚词讲义	ISBN 7-301-08540-0/H·1394	45.00	李晓琪